NOTICE

SUR

L'ABBÉ P. RICHARD

PARIS. — IMPRIMERIE DE CH. LAHURE ET Cie
Rues de Fleurus, 9, et de l'Ouest, 21

NOTICE

SUR

L'ABBÉ P. RICHARD

CHANOINE HONORAIRE DE PARIS, DIRECTEUR DU PETIT SÉMINAIRE

PAR

L'ABBÉ J. A. FOULON

PRÉFET DES ÉTUDES DU PETIT SÉMINAIRE DE PARIS

Hic interim liber honori Agricolæ destinatus, professione pietatis aut laudatus erit, aut excusatus.

(TACITE, *Vie d'Agricola.*)

PARIS

LIBRAIRIE LITURGIQUE-CATHOLIQUE

ATELIER DE RELIURE

L. LESORT

RUE DE GRENELLE-SAINT-GERMAIN, 3

1861

NOTICE

SUR L'ABBÉ P. RICHARD,

CHANOINE HONORAIRE DE PARIS,

DIRECTEUR DU PETIT SÉMINAIRE.

Il y a quelques jours à peine, la tombe se fermait sur un prêtre vénérable qui, depuis vingt-quatre ans, avait consacré ses talents, son dévouement et sa vie à l'œuvre laborieuse de l'éducation de la jeunesse. Les souvenirs que M. l'abbé Richard a laissés au petit séminaire de Paris sont de ceux qui ne périssent pas. Nous nous sommes proposé de les recueillir, et de raconter une vie si belle, dont la plus grande partie s'est écoulée sous nos yeux. Nous dirons et ce que nous avons vu et ce que nous avons découvert et ce que nous croyons avoir deviné.

Le récit de vingt-quatre années consacrées à un ministère humble et dévoué, n'est pas une histoire destinée à intéresser tout le monde. Aussi, c'est aux vieux amis de M. Richard, à ses collègues, à ses anciens élèves, à ceux qui le connaissaient, à ceux qui l'ont compris, que nous nous adressons : lecteurs d'élite qui nous demanderont simplement de les entretenir dans leurs regrets, et de prolonger leurs souvenirs.

Nous avions quelque droit de parler avant d'autres. L'amitié dont nous honorait celui que nous pleurons, nous a permis de pénétrer davantage dans une vie qui persistait à se cacher. Si sa modestie nous imposait autrefois la discrétion, le devoir nous oblige aujourd'hui à rompre le silence. D'autres parleront peut-être après nous et mieux que nous : une vie si belle n'aura jamais trop de panégyristes.

Charles-Prosper Richard naquit à Lunéville en 1810. Sa famille appartenait à cette bourgeoisie intelligente et honorable qui a conservé les croyances de ses pères, la pratique de la religion, les traditions de la probité antique, et les vertus du foyer domestique. A cela se joignait la culture d'esprit que donne l'éducation et la distinction que l'éducation ne donne pas toujours. Cette double supériorité était reconnue à Lunéville : nous en avons eu plusieurs fois la preuve.

Deux de ses oncles prêtres se chargèrent de son éducation. Deux de ses tantes étaient religieuses ; un de ses frères aînés le précéda dans le sacerdoce ; un autre mourut avant de recevoir l'ordre du diaconat. Ainsi, de tous les côtés, il ne trouvait que de bons exemples, et il grandissait sous la double influence des vertus sacerdotales et des affections chrétiennes.

A dix-sept ans, il terminait ses études au collége de Vic, et commençait sa philosophie au grand séminaire de Nancy. Il fit dans cette maison une année de théologie, puis comme il était trop jeune pour recevoir les ordres, Mgr de Forbin-Janson, évêque de Nancy, songea à tirer parti de son talent déjà distingué et de son aptitude précoce à l'enseignement, en lui confiant une chaire au petit séminaire de Pont-à-Mousson. C'est cette maison que son frère aîné devait diriger plus tard avec tant d'éclat. M. Richard y débuta avec un vrai succès, et y acquit une autorité à laquelle son âge paraissait ne pouvoir prétendre.

Les événements de Juillet, dont le contre-coup se fit violemment sentir dans le diocèse de Nancy, atteignirent d'abord les œuvres fondées par Mgr de Janson, et furent pour cet évêque si zélé le signal d'un exil qui ne devait finir qu'avec sa vie. La maison de Pont-à-Mousson avait été dispersée avec bien d'autres. Ce fut là l'occasion qui amena M. Richard à Paris.

Soit que ses premières idées se fussent modifiées, soit qu'il désirât étudier davantage sa vocation, il commença ses études de droit et les poursuivit pendant deux années.

A cette époque de bouleversement, les passions politiques et les idées antireligieuses rencontraient de nombreux adeptes parmi la jeunesse des écoles. Il fallait un grand courage, peut-être plus encore qu'aujourd'hui, pour demeurer chrétien au milieu de l'indifférence et de l'incrédulité presque générales. M. Richard eut ce courage et il y persévéra.

Et cependant, il manquait des secours qu'offrent aujourd'hui en si grand nombre les œuvres fondées pour rallier la jeunesse chrétienne, et qui ne faisaient alors que débuter péniblement. La plupart même n'existaient pas encore. Ozanam réunissait trois de ses amis pour fonder les conférences de Saint-Vincent de Paul, et l'abbé Lacordaire commençait à attirer la jeunesse à ses prédications dans la petite chapelle de l'ancien collége Stanislas.

Alors aussi se fondaient les catéchismes de Saint-Hyacinthe. Des prêtres, illustres depuis et déjà aimés de la jeunesse, y conviaient tous les dimanches, à un enseignement élevé des vérités de la religion, les jeunes gens qui voulaient persévérer dans le bien. M. Richard fut du nombre. L'abbé Dupanloup le vit, le connut, et ne tarda pas à le comprendre. Il avait deviné une âme d'élite, et avec cette netteté de décision et cette sûreté de coup d'œil qu'il apporte dans ses conseils, il déclara à M. Richard qu'il n'était pas fait pour le monde, et qu'il était digne de lui de porter ses vues plus haut. M. Richard le crut et se prépara à obéir. Et cependant la distinction de son esprit et de ses manières aurait pu lui promettre dans le monde ce qu'on appelle des succès; mais dans cette grande âme un appel au dévouement trouvait toujours un écho.

Avant d'entrer au séminaire, M. Richard voulut assurer définitivement sa vocation. Une circonstance imprévue lui en fournit l'occasion. L'œuvre de Saint-Hyacinthe venait d'être suspendue, par suite d'un désaccord dont il ne nous appartient pas d'apprécier ici les causes. Les prêtres qui l'avaient fondée, ne désirant pas assister à sa ruine, l'archevêque de Paris, Mgr de Quélen, les envoya au petit séminaire de Saint-Nicolas, pour s'y livrer aux modestes fonctions de l'enseignement. M. Richard les y suivit.

Alors, le petit séminaire traversait un moment de crise, et les ruines que la révolution de Juillet avait faites à Conflans n'étaient pas les seules qu'il fallût réparer. M. l'abbé Frère, après une administration qui a laissé de si profonds souvenirs, avait quitté Saint-Nicolas, suivi dans sa retraite par la plupart de ses collaborateurs, qui laissaient à leurs successeurs le soin de renouer les traditions interrompues, de rendre aux études leur ancien éclat, et de conserver à l'esprit de la maison sa bonne renommée. La tâche était difficile, et sans le concours des hommes dévoués que la suppression de l'œuvre de Saint-Hyacinthe laissait à la disposition de l'administration diocésaine, elle eût été presque impossible. Dès le début, ils eurent à ménager bien des défiances, à compter avec bien des susceptibilités, les uns se plaignant de ce qu'on précipitait les réformes, et les autres de ce qu'on n'en accordait pas assez.

C'est au milieu de ces circonstances délicates que M. l'abbé Richard fut chargé de la classe de quatrième. On remarqua d'abord dans son enseignement une précision à laquelle on ne paraissait plus habitué, et dans son gouvernement une fermeté qui donnait lieu à des comparaisons, mais jamais à des résistances. Son extérieur froid, son attitude réservée, un ensemble de qualités et de mérites qui devaient se compléter plus tard et se fondre dans une nuance plus adoucie, étonnèrent d'abord, puis conquirent l'estime : on n'arriva qu'un peu plus tard à l'affection. Il se contentait d'accomplir son devoir sans chercher la popularité, abnégation qui, dit-on, n'est pas sans mérite.

L'année 1835 se passa dans ces occupations. Mais l'essai que M. Richard avait fait au petit séminaire avait assuré sa vocation ecclésiastique déjà certaine. L'épreuve était commencée ; il l'acheva en entrant au séminaire de Saint-Sulpice.

Les études théologiques convenaient à la précision de son esprit : il y apporta cette habitude de réfléchir, qui se rend compte de tout et ne laisse aucune question sans l'approfondir. Il n'était pas homme à se contenter des demi-vérités, pas plus que des demi-vertus.

Malgré des habitudes différentes, il sut plier l'indépendance de sa vie aux exigences des règlements du séminaire ; c'était pour lui un devoir d'honneur autant que de conscience de poursuivre sérieusement une vocation qu'il n'avait embrassée qu'après de mûres reflexions.

On le chargea du catéchisme de persévérance des jeunes personnes, et on remarqua le soin qu'il mettait à préparer ses instructions et ses homélies. Attiré, comme tous les esprits distingués, par les côtés élevés de la doctrine et de la piété chrétiennes, il les exposait dans un langage d'une exquise correction, et quoiqu'il y melât quelquefois des considérations qui paraissaient dépasser son jeune auditoire, nous savons qu'on se souvient encore de l'impression qu'il produisait et des succès mérités qu'il obtint.

Trois ans s'écoulèrent ainsi. M. Richard était à la veille de recevoir la prêtrise, lorsque M. l'abbé Dupanloup, devenu supérieur du petit séminaire, l'invita à lui prêter une fois de plus son concours.

Pendant son absence, de grands changements avaient eu lieu dans cette maison. Deux supérieurs, tous deux recommandables par leurs vertus et leur savoir, M. l'abbé Bonniver et M. l'abbé Didon, s'étaient succédé à un an d'intervalle, et la mort de l'un, et les maladies de l'autre ne leur avaient permis de fonder rien de durable.

Dans ces circonstances, Mgr de Quélen, archevêque de Paris, appela M. Dupanloup à gouverner le petit séminaire. Alors s'ouvrit pour cette maison une ère nouvelle et qui ne fut pas sans gloire. Il est juste d'avouer qu'il y avait beaucoup à faire. La maison était dépeuplée, les études languissantes : le nombre des vocations ecclésiastiques diminuait de jour en jour, et l'on s'effrayait, non sans motifs, des symptômes de décadence d'une maison autrefois renommée.

Dès la première année, M. Dupanloup travailla avec une prodigieuse activité à réparer les ruines et à relever les traditions. Il n'y eut pas jusqu'aux vieux murs de Saint-Nicolas qui ne se ressentissent de ces réformes signalées depuis longtemps à l'attention et toujours ajournées par la difficulté des circonstances. Le plan général fut remanié dans ce qu'il avait de défectueux; une intelligence pratique des besoins d'une maison d'éducation modifia les distributions intérieures, dont la complication était un défaut et la vétusté un péril ; l'air et le jour commencèrent à circuler dans de larges corridors voués jusque-là à une perpétuelle obscurité ; des salles spacieuses s'ouvrirent à travers les débris de constructions séculaires. Ce ne fut pas trop d'une année pour opérer ces changements.

On pressentait l'aurore d'une régénération

Une fièvre de travail et un besoin d'activité s'étaient emparés tout à coup de cette maison; et les maîtres et les élèves, et même les nombreux ouvriers occupés à transformer le vieil édifice semblaient rivaliser d'ardeur pour lui redonner la jeunesse et la durée.

Ce fut après cette année employée tout entière à réparer des ruines, que M. Richard rentra au petit séminaire.

Il avait manifesté à M. Dupanloup le désir d'être chargé de l'enseignement de l'histoire, non pas qu'il manquât des qualités nécessaires pour réussir dans l'enseignement des belles-lettres : il avait au contraire une intuition vive et sûre du beau littéraire, qui le rendait très-compétent en matière de goût. A cela se joignait le sentiment exquis des langues anciennes, dont il appréciait mieux que personne les délicatesses et dont il signalait les nuances avec une remarquable sagacité ; mais la sévérité de l'histoire allait mieux à la gravité de son esprit que les œuvres de l'imagination. Déjà préparé à la connaissance des hommes par l'expérience de la vie, il aspirait à la compléter par l'étude.

Il faut bien dire qu'avant M. l'abbé Richard, l'enseignement historique avait été fort négligé au petit séminaire. C'était une lacune regrettable et que ne compensait pas suffisamment la juste réputation de fortes études acquise à cette maison. Les abrégés incomplets qui formaient alors le bagage des élèves ne donnaient que des notions insuffisantes ou erronées, et, à une époque où l'histoire servait de thème ou d'occasion à tant d'erreurs, il était regrettable que les jeunes gens destinés au sacerdoce n'eussent en main, pour défendre les saines doctrines, que des armes vieillies et, pour ainsi dire, hors de service.

M. l'abbé Richard comprit l'importance de cet enseignement. C'était presque une mission qu'on lui confiait ; il s'en acquitta avec un zèle qui n'eut d'égal que son succès.

Les générations qui se sont succédé au petit séminaire n'oublieront jamais les *classes* d'histoire de M. Richard; car, cette modeste désignation s'appliquait à l'enseignement le plus élevé et le plus intéressant qu'on eût encore vu au petit séminaire. On se rappelle cette méthode claire et précise, cette exposition large et pittoresque, cette élévation de vues, cette sûreté de jugement, qui frappait si juste et si droit, qui, tout en laissant à la liberté des opinions ce qu'on pouvait lui abandonner sans péril, réservait expressément les principes, et atteignait d'autant plus sûrement les erreurs qu'elle les combattait sans les désigner. On a entendu ces dissertations intéressantes, ces rapprochements ingénieux, cette parole, en un mot, qui captivait par la vérité, étonnait par l'imprévu, intéressait toujours, et ne laissait personne indifférent.

Le jeune auditoire de M. Richard était littéralement suspendu à ses lèvres, et quelque laborieuse que fût l'obligation de rédiger la matière de ses cours, quoiqu'il fallût beaucoup de réflexion pour reproduire la trame serrée et lumineuse de son enseignement, quoique sa sévérité fût grande et que l'inattention et la légèreté trouvassent rarement grâce auprès de lui, on ne songeait pas à se plaindre, encore moins à réclamer.

Il est incroyable combien il réussit auprès de la sympathique jeunesse qui suivait ses cours. Les études historiques longtemps négligées avaient pris tout à coup une telle faveur que l'intervention de l'autorité dut souvent mettre un frein à des ardeurs indiscrètes. Nous en savons qui ont dû à ce travail la révélation d'aptitudes qui sommeillaient jusque-là, et l'indice d'une vocation aux études sérieuses qu'ils poursuivent encore aujourd'hui avec succès.

Ce n'était pas sans travail que M. l'abbé Richard était parvenu à faire à l'histoire une si belle place dans l'enseignement du petit séminaire. On le trouvait tous les jours occupé à ses livres et à ses notes. Une consigne sévère protégeait sa studieuse solitude contre l'importunité des visites. On la connaissait et personne n'eût osé l'enfreindre. Jamais content de lui-même, il ne croyait jamais avoir acquis le droit de se reposer. Avait-il mis la dernière main à un de ses cours, donné à ses notes une forme définitive, il ne s'arrêtait pas. Certains détails manquaient, il les fallait compléter; des faits moins importants devaient être relégués à l'arrière-plan; telle formule n'était pas assez précise, tel mot n'était pas assez clair, car son attention se portait sur les moindres détails; il y avait toujours des explications à ménager, des éclaircissements à fournir. Tantôt, l'étude des travaux modernes l'avertissait qu'il fallait ici adoucir, là corriger des appréciations qui ne paraissaient pas être à leur place; d'autres fois, une découverte heureuse, une bonne fortune tardive le forçaient à remanier un ensemble de faits. Puis, l'expérience, le spectacle des événements contemporains, une connaissance plus complète de son auditoire, de nouveaux besoins qu'il découvrait, la variété des esprits, les différents degrés de l'intelligence de ses disciples, étaient pour lui une lumière, l'occasion de nouvelles études, de travaux qui ne cessaient jamais, ou plutôt qui semblaient recommencer toujours. D'une année à l'autre, ses cours se ressentaient de cette préoccupation du mieux qui, chez lui, ne combattit jamais le bien.

Tel il fut jusque dans ses dernières années. On s'étonnait quelquefois de ces remaniements incessants; les esprits jeunes et moins défiants d'eux-mêmes étaient bien près de le blâmer de tant de soins et de sollicitude; mais il avait une si haute idée de la gravité de l'enseignement, une conscience si délicate à l'endroit du devoir, un tel respect de soi-même et des autres, une telle appréhension de rester au-dessous des exigences de sa position, en retard sur les découvertes, distancé par la critique ou devancé par les programmes, qu'on le voyait, après plus de vingt années, préparer ses leçons avec le même soin qu'au premier jour, ne laisser rien ou du moins peu de chose à l'imprévu ou à l'inspiration du moment, ne se croire dispensé d'aucune des précautions d'un professeur novice, et porter son attention même sur des détails que la critique la plus érudite a de la peine à contrôler, bien loin que des écoliers de seize ans soient capables d'en vérifier l'exactitude.

Pendant l'heure qui précédait ses cours, il aimait à fréquenter une de ces allées solitaires qui s'alignent encore dans nos quartiers reculés, parce que la civilisation, occupée ailleurs, n'a pas eu le temps de les disposer autrement pour les promenades des oisifs. Il méditait silencieusement les choses qu'il allait dire, et la solitude paraissait retremper sa pensée et rajeunir son inspiration.

Pour les esprits élevés, l'étude de l'histoire est pleine d'enseignements. Ils y acquièrent à la fois la connaissance des hommes et la science de la vie. Alors l'histoire n'est plus simplement un récit, les événements un spectacle, les révolutions un épisode; tout paraît disposé par la Providence pour aider l'expérience humaine, et les lumières du passé éclairent l'avenir.

De plus, en dehors de la science conjecturale qu'on appelle la philosophie de l'histoire, il se fait, dans tout homme sérieux qui étudie les événements de ce monde, des rapprochements, des analogies, des inductions qui ne sont pas sans influence sur la conduite de la vie. Il arrive aux âmes honnêtes de se retirer plus souvent en elles-mêmes après avoir étudié les hommes; et lors même qu'on se contente d'étudier les faits, les précautions et les timidités de la critique peuvent réagir sur la décision du caractère.

Nous n'avons pas à dire jusqu'à quel point M. Richard subit ces influences et si la circonspection de sa conduite et la préférence qu'il montrait pour la solitude tenaient plus à la nature de son esprit qu'à la direction de ses études.

Quoi qu'il en soit, il ne paraît pas qu'elles aient détourné un seul instant sa vue de l'accomplissement du devoir. Le dévouement dont il a fait preuve toute sa vie est là pour l'attester.

Cependant, au milieu de ces travaux, l'œuvre entreprise par M. Dupanloup avançait toujours. M. Richard venait de recevoir la prêtrise. Son évêque, Mgr de Forbin-Janson avait voulu se réserver la consolation de l'ordonner de ses propres mains, et ce fut dans sa chapelle domestique, qui depuis a changé de possesseur et de destination[1], qu'eut lieu la cérémonie. Deux ou trois des collègues de M. Richard étaient venus y assister. Tout se passa

1. L'hôtel Forbin-Janson est occupé aujourd'hui par l'ambassade ottomane.

sans pompe et sans éclat, à l'image, en un mot, de cette vie modeste qui devait s'écouler loin de la foule et des honneurs, et ne chercher que dans les dévouements obscurs le mérite du devoir accompli.

A partir de ce moment, M. Richard nous appartient tout entier. Le désir d'entrer dans la vie religieuse l'avait un instant occupé. Il avait jeté les yeux sur la Compagnie de Jésus; mais, après une retraite où il examina sérieusement sa vocation, il reconnut que Dieu ne lui demandait pas ce nouveau sacrifice, et vint se remettre sous la direction de M. Dupanloup. On l'accueillit avec d'autant plus de joie, qu'on avait craint un instant de le perdre. Ses lumières et sa sagesse étaient si nécessaires à l'œuvre, que, dès cette époque même, on aurait pu difficilement le remplacer. M. Dupanloup le savait, et l'expérience précoce de M. Richard lui vint utilement en aide au milieu des difficultés d'une entreprise qui commençait. Aussi, il avait en lui une confiance qu'il n'eut jamais à regretter, et lui avait attribué des fonctions qui, sans être hiérarchiquement définies, lui donnaient voix active au conseil du supérieur de la maison et l'associaient ainsi aux plus anciens directeurs.

Là se rédigeaient ces règlements destinés à introduire, dans toutes les parties de l'administration, l'ordre et la régularité, à porter dans les études les améliorations réclamées par l'expérience, à consacrer les traditions saines de l'enseignement, et, dans une sphère encore plus relevée, à donner à la piété des enfants une direction, à leur vocation un secours, à leur avenir une garantie, car c'est de tous ces devoirs que se composent la fonction des instituteurs de la jeunesse, surtout dans les petits séminaires.

C'est à M. l'abbé Richard qu'on doit une grande partie de ces règlements qui ont encore aujourd'hui force de loi et qui, modifiés seulement dans leurs accessoires, restent, dans leurs parties essentielles, un des plus beaux titres du petit séminaire de Paris. La lucidité de ses conceptions lui fournissait la précision de formules si importante en pareille matière, et l'on peut encore y suivre la trace de son esprit net et vigoureux. M. Dupanloup, devenu évêque d'Orléans, fit à un grand nombre des règlements rédigés par M. Richard, l'honneur de les citer dans son beau livre de l'*Éducation*.

Aucune des parties de l'administration n'était étrangère à M. Richard. Quoiqu'il ne fût pas naturellement porté à s'occuper de détails, nous le vîmes cependant s'acquitter avec un zèle exemplaire des fonctions les plus minutieuses et se plier, sans effort apparent, aux exigences les plus diverses. Rien ne lui paraissait au-dessous de lui, dès qu'il s'agissait d'accomplir un devoir ; l'on ne vit jamais chez lui ces fausses idées de dignité personnelle qui ne sont bien souvent qu'un prétexte pour justifier la négligence ou dissimuler l'incapacité.

Telles étaient les qualités sérieuses qu'il apportait dans l'administration du petit séminaire. Il en avait d'autres plus précieuses encore et qui rendaient son commerce aussi utile que sûr. La franchise et la loyauté étaient ce qu'on appréciait d'abord en lui. Personne ne doutait de sa parole une fois qu'il l'avait donnée. Il avait même une telle horreur pour ce qui ressemblait aux détours et aux subterfuges, qu'on ne l'a jamais surpris à dire une demi-vérité. Il aimait mieux heurter par la franchise que plaire par la flatterie. Cette droiture ou plutôt cette candeur ne lui permettait pas de soupçonner le mensonge dans les autres, quoique sa perspicacité devinât plus ou autrement qu'on ne voulait lui dire.

On ne le vit jamais trahir un secret ; les confidences les plus simples étaient sacrées pour lui, et sa délicatesse sur ce point allait volontiers jusqu'au scrupule. Mais avec quelle noblesse il comprenait les devoirs que l'amitié impose ! avec quel désintéressement il se mettait au service de ses amis, leur épargnant la pudeur d'une demande et sachant même deviner leurs désirs ! avec quelle grandeur d'âme il prenait leur défense ! Il ne souffrait jamais qu'en sa présence on se permît sur eux des réflexions moins bienveillantes, et il les relevait avec une autorité qui ne laissait point de prise à la réplique. Une fois qu'il avait placé sa confiance, et il ne la donnait pas témérairement, on était sûr qu'il ne la retirerait jamais. Ses vieux amis le savent et ne peuvent se le rappeler sans émotion.

On pouvait au premier abord le croire indifférent, mais cette grande âme demandait à n'être pas jugée sur une impression passagère. Elle ne se découvrait que par degrés, et l'assiduité de son commerce révélait chaque jour en lui une qualité de plus. Son cœur, qui avait besoin de se retremper aux sources pures de l'intimité, se repliait, il est vrai, trop souvent sur lui-même; notre amitié s'en affligeait; au milieu d'un épanchement, on le voyait s'arrêter comme s'il eût craint de se laisser attendrir; il dévorait en silence les infidélités et les caprices, recevait avec une apparente insensibilité les nouvelles les plus pénibles, les tristesses et les deuils de sa famille, que pourtant il aimait et dont il s'échappait quelquefois à nous parler avec émotion. Cette violence faite à la nature n'était pas sans péril; sa sensibilité devenait plus vive à proportion des efforts qu'il faisait pour la comprimer, et quoique son visage ne laissât rien paraître, nous devinions aisément que la victoire n'avait pas été obtenue sans combat.

A ces grandes qualités de cœur venaient se joindre les plus aimables qualités de l'esprit. Rien de plus piquant et de plus agréable que ses entretiens. Tantôt il s'échappait en saillies vives et pittoresques qui peignaient d'un seul mot un homme, un fait, une situation; d'autres fois, il résumait dans des maximes originales et profondément sensées tout un ensemble de considérations pratiques. On aimait cette sagesse calme et sereine, ce jugement exquis qu'il apportait dans la pratique de la vie. Excellent à démêler les difficultés et à saisir les nuances, personne ne donnait des conseils plus désintéressés et plus sûrs, et comme il ne cherchait jamais à imposer ses avis, il inspirait à tout le monde la confiance de les demander et le désir de les suivre. Sa vieille expérience initiait les plus jeunes, aidait les plus âgés; son autorité, acceptée de tous, conciliait les intérêts, apaisait les rivalités et maintenait partout le calme et la fraternité.

Et ce n'étaient pas seulement les confrères de M. Richard qui avaient à se louer de son commerce. La charmante simplicité de ses manières, la bonhomie de son extérieur, lui faisaient de ses élèves autant d'amis. Dès qu'il paraissait dans le lieu des récréations, on les voyait s'empresser autour de lui et écouter avidement sa conversation, où le sérieux se mêlait au plus aimable enjouement, où les anecdotes qu'il contait si bien alternaient si à propos avec des reflexions pittoresques et imprévues.

Nous le vîmes du temps de M. Dupanloup se mêler aux jeux des élèves, quoique sa nature sérieuse ne le portât pas à ce genre d'expansion, leur apprendre des divertissements nouveaux et animer par son concours la franche gaieté des récréations. Il y deux ans à peine, il dirigeait encore avec un entrain et un succès dont il s'étonnait lui-même des parades et des manœuvres d'enfants, et à la netteté de son commandement, à la précision des évolutions qu'il faisait exécuter, on eût dit que sa vie s'était passée dans ces occupations.

Aussi, une popularité de bon aloi s'était attachée à sa personne. Il ne la devait pas à une indulgence intempestive qui se détourne pour ne pas voir ou ferme les yeux pour ne pas réprimer, encore moins à cette facile connivence avec l'irrégularité ou le désordre qui crée pour un instant des courants d'affection stérile, souvent intéressée et toujours dépourvue de ce sentiment profond de respect sans lequel il n'y a point d'autorité, et par conséquent d'influence. Nul au contraire n'était plus exact que lui à exiger l'accomplissement du devoir. Nul n'était plus rigoureux à poursuivre les infractions. On le savait, et on continuait à l'aimer. Ceux même dont la légèreté naturelle ou l'impétuosité de caractère donnait le plus de sollicitude et fournissait plus souvent matière à la répression, se rangeaient avec confiance autour de cette autorité sensée, de cette raison supérieure et calme, auprès de laquelle ils trouvaient la bienveillance, la franchise et la justice à laquelle on est disposé à rendre hommage, même quand elle s'exerce avec fermeté.

Ces jeunes gens, non contents des conseils qu'il leur donnait tous les jours, venaient lui en demander de plus autorisés au tribunal de la Pénitence. Il paraissait spécialement chargé de la direction de leur conscience. Par là, il fit un bien dont les résultats se font sentir. La plupart lui demeurèrent fidèles, et ceux d'entre eux qui rentrèrent dans le monde ne manquèrent jamais de revenir le voir la veille des grandes fêtes, et quelques-uns plus souvent encore.

Cependant, M. Dupanloup, après avoir donné pendant huit

ans ses soins au petit séminaire, venait de le quitter. M. l'abbé Millault, qui avait exercé sous lui les fonctions de directeur, était appelé à le remplacer.

Pour une maison d'éducation, un changement de direction n'est pas sans difficultés. L'immense faveur dont jouissait M. l'abbé Dupanloup dans la maison qu'il avait élevée si haut, le prestige de sa réputation et ses qualités personnelles, tout contribuait à rendre pénible une séparation qui était de plus inattendue. Aussi, lorsque le soir du 4 novembre 1845 le directeur de la maison, M. Millault, lut en présence des élèves du petit séminaire la dernière lettre de M. Dupanloup et ses derniers conseils, il put comprendre à leur douloureux étonnement, combien était redoutable le fardeau qu'on lui imposait. Il s'arma cependant de courage. Pour succéder à M. Dupanloup, il fallait du dévouement et de l'abnégation, et nous savons si M. Millault en manqua pendant les quinze années qu'il fut supérieur du petit séminaire.

Dans ces circonstances, il eut besoin du concours de ses anciens confrères pour pacifier les esprits et calmer l'émotion générale. Ce concours ne lui manqua pas. Ce fut surtout aux lumières et à la légitime influence de M. l'abbé Richard qu'il dut de triompher des premiers embarras de ses nouvelles fonctions. Avec un dévouement qui ne surprit personne, M. Richard s'employa à ménager la transition, et par de sages conseils et par des tempéraments utiles, il amena les esprits à ce point de calme et de confiance où le gouvernement est possible et le bien assuré. M. Millault lui en conserva la reconnaissance la plus vive et ne manqua jamais une occasion de la lui témoigner. Son *vieil ami*, car c'est ainsi qu'il l'appelait, ne cessa pas un seul instant de concourir avec lui à l'œuvre du petit séminaire, et la respectueuse attitude qu'il eut dès les premiers jours ne se démentit jamais. Jusqu'à la fin, nous le vîmes donner à tous l'exemple de la déférence la plus cordiale, et quoique son âge et son ancienneté lui donnâssent quelques droits, il ne s'en servit que pour faire respecter davantage une autorité qui lui fut toujours chère.

Devenu directeur de la maison et, en cette qualité, chargé des détails complexes de l'administration, M. l'abbé Richard abandonna un instant l'enseignement de l'histoire pour se livrer à ses fonctions nouvelles; il y apporta cette exactitude et cette précision qui ne l'abandonnèrent jamais. On le vit bien, lorsque dix-huit mois après l'installation de M. Millault, il s'agit de transférer le petit séminaire dans le spacieux établissement acquis sous l'administration précédente. Grâce à son activité, un seul jour suffit pour tout installer dans la maison de la rue Notre-Dame-des-Champs. C'était, si nous nous en souvenons, au milieu du mois de mai. Ce jour-là, un congé avait été accordé aux élèves, et le rendez-vous donné le soir même dans les nouveaux bâtiments du petit séminaire. En rentrant, on trouva tout disposé ; les lits étaient garnis et à leur place, les livres rangés dans les salles d'étude, les réfectoires et toutes les salles de la maison pourvues de leur matériel comme si rien n'eût été déplacé. Dès le matin du jour suivant, la cloche appelait aux exercices réguliers, qui se succédaient comme s'il n'y eût eu aucun changement : l'ordre était partout, la surveillance exacte, la prévoyance minutieuse. On n'avait fait que changer de place, les habitudes étaient restées les mêmes.

Et cependant, il y avait là plus d'une difficulté à vaincre. Il ne s'agissait pas seulement en effet d'occuper une maison vide et d'y transporter un mobilier, une pareille organisation n'est pas au-dessus d'une prudence ordinaire ; il y avait des circonstances avec lesquelles il fallait sérieusement compter. La maison où l'on entrait était occupée par la seconde division du petit séminaire, autrefois à Gentilly et, depuis quelques mois, installée à Notre-Dame-des-Champs. Le supérieur, homme de cœur et de talent, mais réduit par de longues souffrances à un rôle passif qui pesait à son activité, ne pouvait donner une direction suffisante à un personnel distingué d'ailleurs, mais qui regrettait de ne pouvoir être gouverné de près. Ces difficultés n'étaient pas médiocres. Déjà, il est vrai, M. l'abbé Bercy, supérieur de la maison, s'était retiré, mais la plupart des professeurs restaient ; il s'agissait de leur conserver les positions qu'ils occupaient, de protéger leurs droits sans nuire à ceux des professeurs de Saint-Nicolas, d'établir entre les anciens possesseurs et les nouveaux venus des rapports de confiance réciproque capables de prévenir les rivalités au cas où elles pourraient se produire Là encore l'influence légitime de M. Richard se fit sentir. Au bout de quelques semaines, les inquiétudes étaient calmées, et quoique plusieurs dussent quitter la maison l'année suivante, le bon esprit inspiré par ses sages conseils persévéra jusqu'à la fin.

Et comme si ce n'était pas assez de ces complications, le lendemain de la nouvelle organisation de la maison éclatèrent des événements formidables qui eurent leur retentissement au petit séminaire. La révolution de Février, qui détruisit tant de choses, apporta dans l'ordre régulier une émotion facile à comprendre, moins facile à apaiser. C'est alors, et nous en fûmes témoin, que le dévouement déjà connu de M. l'abbé Millault acquit de nouveaux titres à l'estime et que son courage fut vraiment digne d'admiration.

A cette époque tourmentée, les discussions ardentes de la tribune et de la presse avaient partout des échos, même dans l'enceinte studieuse et solitaire des maisons d'éducation. On se passionnait pour des idées, on prenait parti pour des systèmes, les discussions sur les grands problèmes sociaux de l'époque étaient la matière obligée des conversations, des jeunes gens nourrissaient des aspirations ardentes à une liberté prématurée, et il n'y avait pas jusqu'aux enfants qui n'essayassent de traduire dans leurs jeux les démonstrations populaires et les agitations du dehors. De tels mouvements ne pouvaient se prolonger qu'au détriment du bon ordre et du bon esprit, il était important de calmer ces agitations, de parler aux uns le langage de la raison, de ramener les autres par la fermeté ; M. Richard se trouva encore dans son rôle : ses études, l'habitude qu'il avait de réfléchir sur les hommes et sur les événements, donnaient à sa parole, quand il atteignait les matières politiques de l'époque, une autorité incontestée. Son respect bien connu pour les pouvoirs établis inspirait aux uns la confiance, aux autres la mesure. On pouvait différer d'avis, discuter même sans réussir à s'entendre, mais on était forcé de rendre hommage à sa franchise et à sa loyauté. En effet, ses opinions étaient sincères et convaincues et il en avait le courage, mérite d'autant plus rare que ce courage était complétement désintéressé. Comme il supposait toujours la droiture dans les intentions et la sincérité dans les paroles; qu'il avait pour l'autorité le respect, et pour ceux qui l'exercent une appréciation bienveillante et des présomptions favorables; comme il ne jugeait pas des choses sur une émotion ou une impression passagère, il ne critiqua jamais avec amertume, quoiqu'il lui arrivât souvent d'exprimer des regrets; aussi éloigné de l'opposition que de la flatterie systématiques, il sut tenir, tout en s'inclinant plus volontiers du côté de l'autorité régulière, ce milieu honorable où plusieurs aimaient à se rencontrer avec lui.

Deux ans après la révolution de Février, M. Richard s'était démis de ses fonctions de directeur du petit séminaire pour reprendre l'enseignement de l'histoire, qu'il ne devait quitter qu'à sa dernière maladie. Il était si peu ébloui par les priviléges et les prérogatives que, lorsqu'en 1851 on lui offrit de reprendre la position qu'il avait volontairement quittée, il consentit à la résigner entre les mains d'un de ses collègues, beaucoup plus jeune que lui : rare exemple de modestie, et ce n'est pas le seul que nous offre cette vie si remplie d'actes de vertu.

Il en avait donné un autre quelque temps auparavant. Après cinq ans de prêtrise, Mgr Affre lui avait conféré le titre de chanoine honoraire de la métropole. Cette distinction n'avait paru prématurée à personne. Tout le monde l'en avait félicité : on l'applaudit plus tard lorsqu'on apprit que, par le plus honorable sentiment de délicatesse, il avait tenu sa nomination secrète pendant plusieurs semaines, pour ne pas affliger un de ses collègues plus ancien que lui et selon lui plus digne. Il ne revêtit enfin la mosette que lorsqu'il eut obtenu de n'être pas seul à le porter.

Les honneurs, qui vont rarement à celui qui ne les recherche pas, vinrent cependant à plusieurs reprises solliciter sa modestie. Son évêque lui fit de nombreuses instances pour le rappeler dans le diocèse de Nancy, et, croyant l'y déterminer plus facilement, lui proposa une position plus haute que celle qu'il avait à Saint-Nicolas. On lui offrit successivement, et de plusieurs autres diocèses, les fonctions de supérieur du petit séminaire, de vicaire général : il refusa tout. Toutefois, en 1856, il avait accepté, quoique avec peine, d'être à la tête du petit séminaire de Paris, dans le cas où une combinaison, alors à l'étude, appellerait

M. l'abbé Millault à d'autres fonctions. Mais les circonstances changèrent, et M. Richard fut simplement réintégré dans les fonctions de directeur, devenues vacantes une fois de plus, et il n'eut plus d'autre ambition que de les conserver.

Peut-être lui eût-il été avantageux, pour donner à ses grandes qualités leur entier développement et tirer parti de toutes les ressources de sa nature, qu'on lui imposât des habitudes et une vie différente; mais sa répugnance à se produire, à faire parler de lui ou à faire penser à lui, un goût décidé pour la vie calme et studieuse, et, pour tout dire, une défiance de ses propres forces, qui se retrouvait toujours dans toutes ses déterminations, ne lui permit pas de profiter des occasions, encore moins de les faire naître.

Et cependant ses amis vinrent souvent le presser de leurs instances bienveillantes, mais elles échouèrent constamment contre sa résolution : rare abnégation dont le petit séminaire a recueilli les fruits pendant près d'un quart de siècle; exemple qui n'a pas été sans influence pour fixer dans cette vie modeste des prêtres qui pouvaient, eux aussi, aspirer à plus d'indépendance et qui avaient dû y songer plus d'une fois.

Il puisait ces dispositions dans un fonds de vertu dont ses derniers moments nous ont livré les secrets. Jamais prêtre ne fut plus exact dans l'accomplissement de ses devoirs; sa conscience était d'une délicatesse incroyable, sa foi, d'une fermeté invincible. On le voyait par le soin qu'il apportait aux fonctions de son ministère et par la décence avec laquelle il s'acquittait de toutes les cérémonies. Alors, son extérieur était irréprochable; la haute idée qu'il avait de la dignité du prêtre, la crainte qu'il eut toujours de la voir ou compromise ou insuffisamment respectée, lui donnait ces dispositions. Jamais il n'annonçait la parole de Dieu sans la plus sérieuse préparation. Il ne se crut jamais le droit d'improviser, quoiqu'il l'eût acquis par le fonds de doctrine et d'expérience qu'il avait recueilli de ses réflexions et de ses études. Nous aimions son style sobre, son élocution nette, le sens éminemment pratique de ses instructions. Sa voix ne se prêtait pas aux grands mouvements, et néanmoins on l'écoutait toujours avec plaisir et profit. Il avait le don heureux d'être court, parce qu'il était sûr de ce qu'il allait dire. Maître de sa parole, il ne la laissait jamais aller au delà de sa pensée, et la mesure qui faisait le fonds de son caractère en donnant à ses prédications plus de solidité que d'éclat, leur assurait un résultat qu'on n'obtient pas toujours par des qualités plus brillantes.

Tel était M. Richard, et tel nous le connûmes pendant le cours de sa longue vie de dévouement.

Mais déjà des infirmités précoces, conséquence d'une vie studieuse et sédentaire, étaient venues l'avertir de prendre de sa santé des précautions que jusqu'alors il ne croyait pas utiles. Son tempérament sain et vigoureux n'avait pas encore été ébranlé par une seule maladie sérieuse, et cependant il nous paraissait éprouvé par une succession de malaises non définis auxquels une hygiène imparfaite ne remédiait pas suffisamment. On le pressait de consulter les médecins, il hésitait toujours; il avait confiance en ses forces, et d'ailleurs l'impatience de son esprit actif se serait difficilement plié aux exigences d'un régime.

Il faut mettre sur le compte des infirmités corporelles plus d'une imperfection de notre pauvre humanité. C'était le sentiment de M. Richard, et il nous le développait fréquemment. S'il parut à ses amis qu'il ne cultivait pas leur commerce, à ses parents qu'il les visitait peu, à tous qu'il avait sacrifié trop tôt des illusions utiles pourtant à conserver, qu'il était prématurément désenchanté des choses d'ici-bas, et que dans la maturité de l'âge il affectait de voir les événements et les hommes comme on a coutume de les voir au déclin de la vie, il faut en chercher principalement la cause dans les incommodités qui le condamnèrent à la solitude et qui, en excitant sa sensibilité, le firent renoncer à l'occasion de voir les hommes que pourtant il connaissait si bien.

Pendant les vacances, il avait adopté un séjour que lui avait désigné le hasard plutôt qu'une préférence motivée. Au fond de la baie de Saint-Brieuc, dans une position dépourvue des agréments que l'on cherche au bord de la mer, mais qui a du moins le mérite d'être peu fréquentée, le petit village de Saint-Quay offrait à M. Richard une retraite conforme à la modestie de ses désirs et à la simplicité de ses goûts. L'usage des bains de mer, qu'il continua pendant près de huit années, était cependant loin de lui être favorable. Nous le soupçonnions, et nous l'en avertîmes; nos avis le trouvèrent ou indifférent ou incrédule. Il aimait cette solitude, les promenades sur le bord de la mer, l'agitation des flots, la nature sauvage du littoral de la Bretagne, et, pardessus tout, la tranquillité que l'habitude lui rendait chère. Un accident grave qui lui était survenu la seconde année de son séjour à Saint-Quay ne l'avait pas empêché d'y revenir l'année suivante, quoiqu'il parût dès le principe avoir influé sur ses préférences, et tous les ans il revenait au même gîte, retrouvait les mêmes hôtes, et ne pouvait se décider, malgré les instances de ses amis, à varier son itinéraire ou à modifier le plan de ses vacances.

L'année 1859, il était parti sous l'impression d'un épuisement inaccoutumé dont il ne se mettait pas assez en peine. Ses amis le remarquèrent, non sans inquiétude. Après deux semaines de séjour sur le bord de la mer, des accidents graves, une suffocation continuelle, une agitation pénible du cœur, des insomnies prolongées, lui semblèrent des symptômes qu'il ne fallait pas négliger, et, quelque indifférence qu'il eût pour le soin de sa santé, la maladie se dessinait avec des caractères si inquiétants, les secours qu'il trouvait à Saint-Quay étaient si insuffisants, qu'il reprit le chemin de Paris, où il arriva dans un affaissement déplorable, et, au dire du médecin qui le vit le premier, dans un état désespéré. Une médication énergique, appliquée à propos, arrêta les progrès du mal. C'est alors que M. le docteur Cruveilhier commença à lui donner ces soins si intelligents et si dévoués qui ont retardé de près de deux ans le terme fatal qu'on était menacé d'atteindre sitôt.

Trois mois de soins avaient rendu M. Richard sinon à la santé, au moins à un état meilleur où il était permis d'espérer. A la fin du mois de décembre, il se trouvait déjà capable de reprendre quelques-unes de ses fonctions; il reparaissait au milieu de nous, et la joie de le retrouver était aussi vive que l'avait été l'appréhension de le perdre. C'est ainsi que se passa l'année, et avec des ménagements conseillés par la prudence et auxquels il se prêtait, non sans objections, il parut que le mal était moins à redouter, quoique la trace de son passage fût loin d'avoir disparu.

L'expérience de l'année précédente avait fait renoncer définitivement M. Richard aux bains de mer. On lui avait conseillé les eaux de Niederbron, en Alsace; il se résigna à les prendre et vint passer ensuite dans sa famille les dernières semaines de ses vacances. Il y avait longtemps qu'on l'y désirait, et, comme s'il eût eu le pressentiment de ne jamais revenir, il y prolongea son séjour, y retrouva ses souvenirs et ses amis d'enfance, les soins et l'affection de ses respectables sœurs, et se rattacha à un passé rempli de charmes au moment où l'avenir allait bientôt lui manquer. Il revint au commencement de l'année scolaire avec la pensée de reprendre ses travaux et aussi avec le désir de ne les continuer que deux années pour atteindre le terme de vingt-cinq ans, après lesquels un directeur du petit séminaire acquiert le droit de prendre sa retraite. « Ensuite, nous disait-il, je pourrai me reposer. » C'était là que se bornait son ambition. Hélas, il devait se reposer plus tôt !

Au commencement de janvier, une indisposition qu'on attribua d'abord à une cause accidentelle le retint dans sa chambre, d'où il ne descendit plus jusqu'à sa mort. Une fois seulement, il apparut pour présider les exercices du catéchisme, mais ses forces furent sur le point de trahir son courage ; depuis, il ne renouvela plus une expérience qui avait failli lui être fatale, et ne songea plus qu'à se préparer au passage de l'éternité.

M. Richard craignait la mort, et pour le ménager, nous avions dû éviter, au commencement de sa maladie, de lui faire la confidence de nos appréhensions ; mais lorsque enfin les progrès trop évidents, hélas ! de son mal, ne lui permirent plus de se faire illusion, il osa regarder la mort en face. Ses dispositions furent bientôt prises, et avec le calme qu'on doit apporter à toutes les grandes actions de la vie, il mit sa conscience et ses affaires en règle. Dès le 12 janvier, il écrivait son testament dont le préambule atteste la résignation et la parfaite sérénité de son âme. Il n'y oubliait pas les pauvres, qui ne firent jamais en vain appel à sa générosité. La délicatesse de sa conscience à l'endroit des obligations que la justice impose s'y révélait par des dispositions larges destinées à réparer des torts que certainement il n'avait point faits. Enfin, tout y était pour la religion, la justice et la charité, sans ostentation, sans arrière-pensée, sans retour sur lui-même.

Quelques mois auparavant, M. Richard, par un scrupule de modestie qui n'étonna personne et dont il avait donné tant d'exemples dans sa vie, avait détruit tous ses papiers. A sa mort, il ne resta de toute sa correspondance, de ses notes et de ce qu'il avait écrit en dehors de son enseignement, que son acte de baptême et ses lettres d'ordination. Il voulut ainsi faire disparaître tout ce qui aurait pu lui faire honneur : les témoignages de confiance et de respectueuse affection qu'il reçut si souvent, les traces des relations distinguées qui lui étaient demeurées fidèles, quoiqu'il n'eût pas cherché à les entretenir ; et si l'on regrette dans cette Notice des détails plus nombreux et plus intimes, c'est à cette circonstance qu'il le faut attribuer.

Nous espérions cependant et des influences de la température et de la vigueur de sa constitution et des soins qui l'entouraient, et notre amitié nous faisait encore illusion. Nous nous plaisions à rapporter à des causes extérieures l'aggravation de son mal. L'hiver était si rigoureux, le printemps si tardif, le ciel si âpre, les alternatives si brusques ! Lorsque les beaux jours reviendraient, ils apporteraient à ce cher malade le soulagement, sinon la guérison ; mais les jours et les mois s'écoulaient, et malgré des améliorations trompeuses, le malade ne se sentait pas soulagé. Enfin, vers les premiers jours du mois de mai, les crises se succédèrent avec tant de continuité, les forces diminuèrent si rapidement, les ravages du mal apparurent avec tant d'évidence qu'il ne nous fut plus permis d'espérer.

Il y avait longtemps que M. Richard n'espérait plus et qu'il se préparait à la mort par une prière presque continuelle. Il ne voulait plus s'occuper que des choses de Dieu ; tout autre entretien lui était à charge. « Qu'on ne me parle plus, disait-il, des choses de ce monde ; » et à l'air indifférent avec lequel il accueillait les nouvelles du dehors les plus capables de l'intéresser, on voyait que son esprit était tout en Dieu.

Rien de plus édifiant et de plus résigné que ses derniers moments. Ils ont laissé dans l'âme de ceux qui y ont assisté des impressions et des souvenirs qui dureront toujours. La mort des saints ne paraît pas offrir de plus beaux exemples. Au milieu des crises terribles d'étouffement, qui nous faisaient craindre à chaque instant une catastrophe, ses pensées, ses paroles, étaient toutes pour la résignation. Jamais il ne lui échappa un mot de plainte. Attentif à ménager les autres, il trouvait toujours qu'on se donnait trop de mouvement pour lui, souffrait avec peine qu'on lui préparât des aliments plus recherchés, et ne permit pas qu'on passât la nuit à son chevet jusqu'au moment où la gravité du mal nous obligea à ne plus tenir compte de son désir. Les moments où la souffrance lui laissait un peu de répit, il les employait à réciter des prières avec un accent de foi et de piété qui allait jusqu'au fond de l'âme : tantôt offrant à Dieu le sacrifice de sa vie, tantôt lui demandant le pardon de ses fautes, d'autres fois appliquant le crucifix sur ses lèvres et demeurant, les mains jointes, les yeux fermés, absorbé dans la méditation des choses divines dont il ne sortait que par des aspirations d'amour et d'humilité. Il aimait, dans les prières de la liturgie que nous lui suggérions, les psaumes qui expriment spécialement les sentiments de la pénitence ; il les répétait pour en goûter les paroles, s'arrêtait pour en méditer le sens. Le psaume *Miserere meî, Deus*, était celui qu'il affectionnait le plus. Il nous demandait souvent de le réciter avec lui, et lorsque notre mémoire troublée par l'émotion hésitait ou paraissait moins sûre, la sienne nous venait aussitôt en aide.

Sa conscience si délicate ne se croyait jamais assez assurée, et, quoiqu'à l'époque de Pâques il eût fait une confession générale qu'il avait eu le soin d'écrire tout entière pour ne rien oublier, il lui revenait de temps à autre des craintes qu'il exposait à son confesseur avec la plus admirable simplicité. Dès que le confesseur avait décidé, il rentrait dans le calme : car cette grande âme ne connaissait ni les faiblesses du scrupule, ni les petitesses de l'opiniâtreté.

Cependant il achevait de se purifier en passant par le creuset des souffrances : Dieu prolongeait ses épreuves afin d'augmenter ses mérites. Point de ces accidents qui suspendent le sentiment-

de la douleur et qui ôtent au malade, avec la claire vue de son état, le sentiment des progrès de son mal. Point de ces adoucissements que la Providence ménage à la faiblesse des moribonds et à l'affliction de ceux qui sont témoins de leurs souffrances. Pendant les cinq premiers jours d'une agonie qui dura plus d'une semaine, la connaissance ne l'abandonna pas, et si, à de rares intervalles, elle semblait errer sur des idées confuses, le moyen le plus sûr de la rappeler était de suggérer au pieux malade les pensées de l'autre vie. Là, et là seulement, elle se retrouvait tout entière.

Tel nous le vîmes le jour de la Pentecôte, lorsqu'on lui administra l'extrême-onction. Ce jour des grandes émotions, où nous apprenions en même temps et le danger de M. Richard et le départ de M. Millault, nous trouvait occupés aux touchantes cérémonies de la première communion et de la confirmation. Tout était joyeux autour de nous; nous seuls étions tristes, et pour ne pas troubler la naïve expansion des enfants en cet heureux jour, nous étions obligés de dissimuler nos inquiétudes. Les derniers applaudissements qui accueillaient la visite de Mgr l'archevêque, et la faveur toujours chère d'un congé, retentissaient encore à nos oreilles, que nous nous préparions à administrer le cher malade. Avec quelle ferveur il reçut l'extrême-onction ! avec quelle fermeté il répondit aux questions du rituel ! avec quelle attention il écouta l'exhortation que lui fit M. le supérieur ! Il ne parut pas un instant qu'il eût été fatigué, et cependant, aux angoisses de la nuit suivante, nous pûmes deviner ce qu'avaient été ses efforts pour surmonter son mal.

Le lendemain, une autre consolation lui était réservée : nous lui apportâmes le saint viatique, qu'on n'avait pas jugé à propos de lui donner la veille, car il avait communié à jeun le matin du jour de la Pentecôte. Ce fut la même édification. Tous ses confrères étaient là, en habit de chœur et un cierge à la main; tous pleuraient, moins de compassion sur ses souffrances que d'émotion de les voir si chrétiennement supportées.

Mgr l'archevêque de Paris avait été averti le jour de la Pentecôte du danger de M. Richard, et avait demandé avec une sollicitude toute paternelle des détails sur sa maladie. Le lendemain, il daigna lui rendre visite et lui porter sa bénédiction et ses encouragements. Ce témoignage de bonté nous émut, et M. Richard y fut extrêmement sensible. Il se recommanda plusieurs fois aux prières de Son Éminence, et au moment où Monseigneur sortait de l'appartement, il envoyait lui demander de nouveau sa bénédiction.

Ce n'était pas, du reste, la seule preuve que Mgr l'archevêque eût donné de son intérêt pour la santé de M. Richard. Au mois d'octobre, à l'époque de la seconde rechute, il s'était informé fréquemment de son état, et deux jours avant sa mort, il revint encore au petit séminaire pour en demander des nouvelles.

Les jours qui suivirent la première visite de Monseigneur, nous ne quittâmes plus M. Richard.

Une religieuse dévouée, qui n'avait cessé de l'assister dès le début de sa maladie, ne s'épargna ni le jour ni la nuit, pour lui prodiguer ces soins délicats, ces attentions ingénieuses dont la charité seule a le secret, et, quoique ses occupations l'appelassent ailleurs et que la fatigue lui fît un devoir de se reposer, elle ne quitta son poste qu'à la mort de son cher malade. Qu'on nous permette ici de remercier la sœur Madeleine[1]. Son dévouement n'a jamais aspiré à la récompense d'un éloge ; et, dût sa modestie s'en alarmer, nous croirions manquer à la justice et à la reconnaissance en ne rappelant pas ici son nom.

Le mardi de la Pentecôte, un mieux sensible se manifesta dans l'état de M. Richard. Sa respiration était moins pénible, ses angoisses moins vives ; il put s'assoupir quelques instants et parut même prendre intérêt aux visites que nous lui faisions, aux conversations que nous essayions de lier avec lui. Il nous reconnaissait, il se montrait sensible à nos soins, il nous faisait de touchants adieux ; cette lueur d'espoir qui éclaire les derniers jours des mourants soutenait notre courage et entretenait en nous des pensées plus sereines. Sans doute, nous n'osions croire qu'il échappât, car il en était arrivé à cette inexorable période qui précède la dernière catastrophe ; mais cependant, s'il pouvait vivre encore quelques jours et nous édifier de sa présence ; si ses souf-

1. Religieuse de la Providence de Portieux et supérieure des Sœurs de la lingerie et de l'infirmerie du petit séminaire.

frances, moins vives, lui donnaient un peu de relâche; si une mort calme lui arrivait après une agonie sans douleur!... c'était le seul vœu que nous pussions former. Désirer plus eût été téméraire. Un instant nous nous crûmes exaucés; mais, deux jours après, les accidents pénibles qui avaient été un instant suspendus, revenaient avec plus de violence. Impuissants à le soulager, nous en étions réduits à désirer un terme plus prompt à ses souffrances et à demander pour nous la grâce de mourir comme lui, sans oser demander celle de passer par les mêmes épreuves.

Ainsi nous assistions au triste spectacle des dernières heures de la vie, et chaque moment nous apportait une tristesse de plus. Ses yeux se fermaient peu à peu à la lumière; il ne pouvait plus voir ses amis; bientôt il lui fut impossible de les reconnaître, et lorsque ceux-ci venaient serrer sa main pour lui dire un dernier adieu, sa main retombait languissante, et l'étreinte de l'amitié se perdait sous une sensation confuse et indécise. Cependant, par intervalles, des éclairs jaillissaient de ces ténèbres; une lueur de connaissance apportait à M. Richard des souvenirs qui se pressaient, confus d'abord, puis se dégageaient plus distincts pour disparaître enfin et ne revenir que longtemps après dans un autre ordre et sous une forme différente. On recueillait avidement les derniers témoignages d'une raison qui s'affirmait encore, puis la nature, vaincue de nouveau par le mal, retombait pour ne plus se relever.

Ces absences et ces retours, cette mystérieuse succession des derniers phénomènes de la vie, donnaient à ses derniers instants je ne sais quoi de solennel et de profondément triste qui nous serrait l'âme, et nous avertissait de la fragilité et du néant de notre pauvre humanité.

Trois jours se passèrent ainsi. Dans la journée du dimanche de la Trinité, et pendant que le nouveau supérieur du petit séminaire, M. l'abbé Place, prenait possession de ses fonctions, il se fit dans l'état de M. Richard un changement subit. A deux heures de l'après-midi, il perdit totalement la parole et la connaissance. A neuf heures du soir, on récitait de nouveau les prières des agonisants, qu'on avait déjà dites quelques jours auparavant, et quatre heures après, il s'éteignait, sans angoisses et sans douleur, entre les bras de deux de ses confrères qui avaient persévéré, malgré les fatigues des nuits précédentes, à rester auprès de lui.

Dès que la nouvelle de sa mort se fut répandue, on put voir, à l'impression de tristesse universelle, combien il laissait de regrets. Le coup, bien que prévu, ne laissa personne indifférent, pas même les enfants plus jeunes, qui, par leur attitude grave et réfléchie, s'associèrent au deuil de leurs aînés. Le petit séminaire ne pouvait apprendre sans émotion la fin de cette belle existence qui lui avait été consacrée tout entière.

Ni les tristesses véritables, ni les honneurs légitimes n'auront manqué à cette chère mémoire : on l'a vu le jour de ses obsèques; et, à la foule de ses amis qui vinrent lui faire un cortége, et à l'affliction de tous, on a pu comprendre combien il laissait ici-bas d'affections et de souvenirs[1].

S'il repose aujourd'hui loin de nous, si nous n'avons pu disputer ses derniers restes à la piété de sa famille, s'il dort de son dernier sommeil auprès de ses frères, de ses parents, de son berceau, ah! nous savons qu'il dort du sommeil des justes et qu'il repose dans le sein de Dieu. Ses respectables sœurs, qui ont déjà mené tant de deuils de famille, auront du moins la consolation de prier plus souvent sur sa tombe, et cette pensée tempère nos regrets de ne l'avoir pas près de nous. Nous aussi nous prierons, et à son tour il priera pour nous. Il aimait le petit séminaire, il s'intéressera à ses destinées nouvelles. Sa vie avait été notre modèle, son intercession pour nous dans le ciel sera notre espérance.

1. Un grand nombre d'ecclésiastiques du clergé de Paris et d'anciens élèves du petit séminaire se firent un devoir d'assister aux funérailles de M. Richard, qui eurent lieu dans l'église de Notre-Dame des Champs. M. le curé de sa paroisse, M. du Chesne, un des plus anciens amis de M. Richard, fit la levée du corps; M. Millault, ancien supérieur du petit séminaire et actuellement curé de Notre-Dame de Bonne-Nouvelle, célébra la messe; M. Buquet, vicaire général de Paris, fit l'absoute; M. l'abbé Place, supérieur du petit séminaire de Paris, conduisait le deuil, et M. Trouillet, curé de Lunéville, fit la conduite au cimetière. Le soir même, M. Trouillet transportait le corps à Lunéville.

PARIS. — IMPRIMERIE DE CH. LAHURE ET Cie
Rues de Fleurus, 9, et de l'Ouest, 21

www.ingramcontent.com/pod-product-compliance
Ingram Content Group UK Ltd.
Pitfield, Milton Keynes, MK11 3LW, UK
UKHW020441220726
13923UKWH00005B/2264

9 782019 257828